ハッピーになれる 心理ゲーム

森 冬生 [著]

心理ゲームの世界へ
ようこそ!

毎日の生活のなかで、ドキドキすることや、少し不安に思うことってありませんか?
「友だちは何を考えているの?」「相性がいい異性のタイプは?」「将来、どんな仕事をすればいいかな?」などなど。そんな疑問や不安に、心理ゲームをとおして、ヒントを示しているのがこの本です。ゲーム感覚で楽しく遊んでいくうちに、あなたの知らない自分に出会えたり、気づかなかった可能性を発見したり……。今回はみんなで一緒に楽しめるゲームもたくさん用意しました。友だちやおうちの方と、一緒に盛りあがってもらえれば、とてもうれしいです。あなたとまわりの人たちが、楽しくハッピーでありますように!

森 冬生

目次

PART 1 友だちのこと、もっと知りたい！

- Q 01 ＊ 「木」という字を書いてもらおう！ …… 9
- Q 02 ＊ ファンです。あく手してください！ …… 11
- Q 03 ＊ ふで箱の中身を見せて！ …… 13
- Q 04 ＊ 翼(つばさ)を広げて大空へ …… 15
- Q 05 ＊ いい物をあげるよ！ さあどうぞ …… 17
- Q 06 ＊ 桃太郎(ももたろう)さん1つわたしにくださいな♪ …… 19
- Q 07 ＊ かわいいアイテムを着けていたのは？ …… 21
- Q 08 ＊ あなたの耳を見せて！ …… 23
- Q 09 ＊ どのスマホケースが印象的(いんしょうてき)？ …… 25
- Q 10 ＊ あなたのグループのメンバーは○○タイプ？ …… 27
- Q 11 ＊ 海にあらわれた人魚姫(にんぎょひめ) …… 29
- Q 12 ＊ 不思議なネコ …… 31
- Q 13 ＊ みんなで順番にひいてみよう！ …… 33
- Q 14 ＊ りっぱな忍者(にんじゃ)になるために必要なのは？ …… 35
- Q 15 ＊ お化けの出る旧校舎(きゅうこうしゃ)へ …… 37
- Q 16 ＊ 宇宙人(うちゅうじん)と戦えるのは？ …… 40
- Q 17 ＊ あわてんぼうのマジシャン …… 44

Happy(ハッピー)コラム1 相手に好意をもってもらえる『相づち』効果(こうか) … 48

 友だちともっと仲よくなりたい！

Q 01	パンケーキセット どれから食べる？	51
Q 02	ほしい物はどれ？	53
Q 03	天使が舞いおりた夜	55
Q 04	いちばん印象に残るのはどれ？	57
Q 05	おしゃべりな人さし指	59
Q 06	おそろいコーデでお買い物しよう！	61
Q 07	今日はどんなハンカチを持ってるかな？	63
Q 08	気になるあなたの○○パターンは？	65
Q 09	どの絵がいちばんイメージに近い？	67
Q 10	回転ずしのネタはどれが好き？	69
Q 11	こんなときあなたは？	72
Q 12	ドラゴンと少女	76
Happyコラム2	初デートを成功させるには？	80

PART 3 好きな人やカレの本音をのぞいちゃおう!

Q 01	＊ 体育の時間のカレはどんな感じ？	83
Q 02	＊ 今日のお弁当の中身は？	85
Q 03	＊ カラオケで歌ってみよう♪	87
Q 04	＊ 紙を折ってみない？	89
Q 05	＊ 浦島太郎をひき止めて！	91
Q 06	＊ あなたの○○タイプがわかっちゃう！	93
Q 07	＊ あまい誘惑に負けちゃいそう……	95
Q 08	＊ お化け屋敷できょうふ体験	97
Q 09	＊ 朝おきたら大変なことに！	99
Q 10	＊ コスプレするならどれにする？	101
Q 11	＊ カレの気になる○○は？	104
Q 12	＊ 怪盗あらわる！	108

Happyコラム 3　　色を味方につけてハッピーになろう！ …… 112

 自分のこと、将来のこと、まるわかり!?

Q 01 * プレゼントからイイ香り。箱の中身は？……… 115
Q 02 * 教科書を開いてみよう！……………………… 117
Q 03 * 池のほとりで見えた物は？…………………… 119
Q 04 * 予約録画に映っていたのは？………………… 121
Q 05 * イルカショーでインタビュー………………… 123
Q 06 * 不思議な階段をあがると……………………… 125
Q 07 * 聞こえてくるのはどんな曲？………………… 127
Q 08 * 助けてくれたのはだれ？……………………… 129
Q 09 * あなたは人気の○○になる！………………… 131
Q 10 * 人気家電プレゼント！ どれを選ぶ？……… 133
Q 11 * 負けたくない！ あなたの○○度は？……… 136
Q 12 * 優雅なティータイム…………………………… 140

PART 1
友だちのこと、もっと知りたい!

友だちと盛りあがりながら、おたがいの
気もちや性格を知ろう! もっと仲よくなる
きっかけがつかめるかも!?

このテストで 友だちのかくれキャラがわかるよ!

A かくれ目立ちたがり屋さん
左のはらいが長い子は注目されるのが好き。「走るの速いね!」などと活やくをほめるとよろこばれそう!

B かくれ感動屋さん
右のはらいが長い子は心が熱いよ。感動ものの映画や活やく中のスポーツ選手の話で盛りあがれそう!

C かくれ話したがり屋さん
はらいが短めの子は理性的。自分を抑え気味だけど、あなたが聞き役になれば本音でしゃべってくれそう!

どんな会話だと盛りあがれるかヒントがわかるね

うわ〜!心理ゲームってすごい

おとなしいリナはⒶだから、よいところをほめてあげたいな。

クールなミサはⒷだから、熱い話にチャレンジ。

Ⓒのモモにはわたしから話しかけてみよう!

つぎの日

ミサ、昨日のテレビ感動したね

モモの好きなマンガ教えて!

リナの髪形かわいいね!

ワイ ワイ

大成功!

ファンです。
あく手してください!

あなたはアイドルグループのメンバー。あく手会では、どんなあく手をする? アイドルになったつもりで、考えてみて!

PART 1 友だちのこと、もっと知りたい!

- Ⓐ 両手であく手
- Ⓑ 「こんにちは!」と声をかけながらあく手
- Ⓒ 笑顔(えがお)であく手
- Ⓓ 片手(かたて)であく手
- Ⓔ 目(め)を見ながらあく手

このテストで いちばんモテる人がわかるよ！

Aを選んだあなたは…
モテ度 60%
あく手を両手でするのは、アイドルの鉄板セオリー。マイナスポイントはないけど、意外と印象はうすめ!?

Bを選んだあなたは…
モテ度 80%
話しかけることで相手の緊張を解き、自分にも好印象をもってもらう高度なテク。モテ度はかなり高い子だね！

Cを選んだあなたは…
モテ度 90%
笑顔は好感度バツグン。そんな笑顔をとっさにできる子はモテ度もトップクラス。いちばんモテるかも!?

Dを選んだあなたは…
モテ度 50%
片手であく手をするのは、ぶっきらぼうだね。好感度を上げようともせずに、わが道を行く態度はユニークだけど、モテ度は低め。

Eを選んだあなたは…
モテ度 70%
目を見るのは好感度を高めるテク。モテ度は高いけど、目を合わせるのがにがてな人もいるから注意も必要。

ふで箱の中身を見せて!

みんなで自分のふで箱の中身をチェック! えんぴつ、シャープペン、ボールペンなどのペン類が何本入っていたかな?

PART 1 友だちのこと、もっと知りたい!

- **A** 10本以上
- **B** 7〜9本
- **C** 4〜6本
- **D** 3本以下

このテストで おこるとこわい人 がわかるよ！

おこってもかわいいタイプ
A を選んだあなたは…
ペンは秘めた攻撃性を表すよ。でも、10本以上持っている人はただの文房具好き。「みんな、ひどいじゃん！」なんてプンプンおこっても、どこかかわいい感じ。

キレるといちばんこわい!?
B を選んだあなたは…
ペン類を7〜9本持っている人は、いかりを抑えた末に爆発させがち。我慢した分、キレるとめちゃコワ!?　でも、いかりが消えるのは意外と早そうだから安心してね。

クールないかりがこわい!?
C を選んだあなたは…
攻撃性はふつうレベル。おこっても冷静で、「わたしにも悪いところがあったから……」と、一方的に相手を責めないのがステキ。そのクールさが逆にこわい!?

こわくないけど根にもつ!?
D を選んだあなたは…
その場では「いいよ、いいよ」とおだやかだけど、忘れたころに「あのときはマジで腹立ったよ！」などと言い出しがち。意外と根にもつタイプなのかも!?

Q04 翼を広げて大空へ

あなたはひな鳥。がけの途中にある鳥の巣から巣立つ日がやってきた。さあ、実際に飛ぶアクションをしてみよう！

PART 1 友だちのこと、もっと知りたい！

A 翼を動かさずにすーっと飛ぶ

B ゆっくり大きく羽ばたく

C バタバタとせわしなく羽ばたく

このテストで いちばん"ビビリ"がわかるよ!

A を選んだあなたは…

困難に立ち向かうタイプ

翼を動かさず、がけの巣から飛び立った、勇気のあるあなた。自分に自信があるから、初めてトライすることや困難なことにも立ち向かっていけそう。ビビリとは無縁かも!?

B を選んだあなたは…

冷静で慎重なタイプ

自分の力を試すような慎重さで巣立っていくあなた。初めてのことに対しては不安もあるけど、冷静に計画を立てたあとは、思い切ってチャレンジできる人だね!

C を選んだあなたは…

あまえんぼうタイプ

バタバタとせわしなく羽ばたいたあなたは、いちばんのビビリ。本当は巣立ちなんてしたくないけど、こわいからしかたなく目をつぶって飛んだ感じだね。

Q05 いい物をあげるよ！さあどうぞ

友だちに「いい物をあげるから手を出して」と言ってみて。
友だちはどんな手の出し方をしたかな？

両手を出した

右手を出した

左手を出した

手を出さなかった

PART 1 友だちのこと、もっと知りたい！

このテストで **買い物上手度** がわかるよ！

Aの友だちは… 買い物上手度50%
両手を出すのは欲を表しているよ。バーゲンで「50% off」なんてプライスを見ると、つい似合わない服とかも買っちゃって、かえって損しちゃうことも。

Bの友だちは… 買い物上手度90%
右手は積極性や決断の象徴。目的に合った物、よい物を的確に見抜く目がありそう。みんなの買い物につきあってあげると感謝されるタイプだよ。

Cの友だちは… 買い物上手度40%
左手は迷いや誘惑の象徴。どうしていいか決められなくて困ってしまう人かも。周囲の意見にも流されやすいので、結果的に不本意な物を選んじゃうことも。

Dの友だちは… 買い物上手度70%
なんでも疑ってかかる冷静で慎重な人。買い物上手度は高いけど、チェックが厳しすぎるみたい。結局何も買わずに帰宅……なんてことも多かったりして。

Q06 桃太郎さん1つ わたしにくださいな♪

❹のふきだしに入ることばはどれだと思う?

A みんな、ありがとう!

B こいつら、ちょろいな!

C きびだんごって、そんなにおいしかったっけ?

D もう1つあげたらどうなるかな?

このテストで **ちゃっかり度**がわかるよ！

A を選んだあなたは…

ちゃっかり度 30％以下

動物たちがきびだんご1つで危険な任務をOKしたことに、深く感謝するあなた。素直で純粋な子だね。それだけに、ちゃっかりした人にだまされないようにご用心！

B を選んだあなたは…

ちゃっかり度 90％

動物たちをナメきった目で見ているあなたは、ちゃっかり度超高め。おに退治のあとは「この子たちにはだんごを渡して、お宝はひとりじめよ♡」なんて思ってない？

C を選んだあなたは…

ちゃっかり度 50％

ごくふつうのきびだんごの威力に、びっくりする天然タイプ。ちゃっかり度は低めだよ。かけひきには向いてないから、今のまま自然体のいい子でいるのがおすすめ。

D を選んだあなたは…

ちゃっかり度 70％以上

2つあげればもっと利用できる！　一瞬で計算したあなたのちゃっかり度はやや高め。目的のために他者を効率よく使うのは政治家やリーダーの素質あり！？

 かわいいアイテムを着けていたのは？

みんなで映画を見に行ったとき、友だちはこんなアイテムを着けてきたよ。それってどんなアイテム？

PART 1　友だちのこと、もっと知りたい！

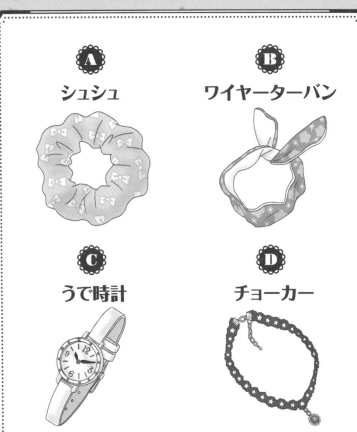

- **A** シュシュ
- **B** ワイヤーターバン
- **C** うで時計
- **D** チョーカー

このテストで お金持ちになれる人 がわかるよ！

Aの友だちは… セレブか節約生活か！？

フワフワしたシュシュは両極端なアイテム。これを選んだ人は超セレブになるか、つつましい節約生活を送るかどちらかの可能性が高いよ。

Bの友だちは… いちばんお金持ちに！？

頭に巻くターバンは豊かさの象徴。将来いちばんセレブになるのはこの子かも!? 宝くじに当たるか大富豪の妻になるか、もしかしたら女社長で成功するかもね。

Cの友だちは… 快適な暮らしをしてそう！

うで時計は働き者の象徴。これを選んだ人は、セレブとまではいかなくても、そこそこイイ生活をしていそう。しっかり働いて貯金もたまっていたりして!?

Dの友だちは… セレブに見えて実は……！？

首かざりは見栄っ張りの象徴。将来はセレブに見える生活をしてそうだけど、実は背のびして高級ブランド物を買っていたりして……。借金はしないようにね！

あなたの耳を見せて!

友だちに「耳を見せて」と言ってみよう。どんなしぐさをしたかな?

髪を上げて耳を見せた

両耳をつまんで見せた

片耳だけ見せた

耳を見せずに「なんで?」と聞いた

PART 1 友だちのこと、もっと知りたい!

このテストで 最初に花嫁になる人がわかるよ！

Aの友だちは… 20歳そこそこで電撃結婚!?

髪を上げるのは婚礼のしるし。みんなのなかでこの友だちがいちばん最初に結婚しそう。20歳そこそこで運命の人と出会って、電撃結婚しちゃうかも!?

Bの友だちは… 2番目に結婚しそう！

情報のシンボルである両耳をつまんだ人は、よい縁談が舞いこみそう！ お年ごろになると、ステキな結婚話が入るかも。グループのなかでは2番目くらいにゴールインね。

Cの友だちは… 5人いれば3番目に結婚！

片耳だけ見せた人は、平均的な年齢で結婚しそう。仲間が5人いれば3番目くらいにお嫁さんになるよ。経験者の話を参考にできるので、ステキな式をあげられそう！

Dの友だちは… 結婚は少しおそいかも!?

耳を見せずにまず理由を聞いた人は、慎重派。仕事はバリバリやるけど恋に関してはおく手!? お嫁さんになるのは、みんなの結婚式に出てからかも。

Q09 どのスマホケースが印象的?

デザインのちがう4つのスマホケースが机に置いてあるよ。
あなたがいちばん印象に残ったのはどれかな?

PART 1 友だちのこと、もっと知りたい!

- **A** もふもふケース
- **B** ラインストーンキラキラケース
- **C** 手帳型ケース
- **D** 耳つきシリコンケース

このテストで どんな芸能人になるか がわかるよ！

お笑い芸人

もふもふ＝あたたかみ。みんなを笑わせ、あたたかい気もちにさせることのできるあなたにピッタリなのは、お笑い芸人。自分のセンスで笑いがとれるのって楽しいよね！

を選んだあなたは…

アイドル

ラインストーン＝かがやくアイドル。みんながあこがれるような、キラキラするあなたにピッタリなのはアイドル。ライバルときそい合えるガッツもありそう！

を選んだあなたは…

女優

手帳＝知性。深い考えと人を感動させる力のあるあなたにピッタリなのは女優。ふだんはふつうの女の子なのに、舞台の上でスポットライトを浴びると大変身しそう！

を選んだあなたは…

声優

耳＝聞かせること。あなたは、魅力的な声のもち主かも。声優を目指せば、セリフやナレーションで人の心をひきつけることができるようになったりして！

を選んだあなたは…

Q10 あなたのグループのメンバーは〇〇タイプ?

あなたのグループにあてはまるものをすべてチェックしよう。

- [ ] あなたのグループはクラスでもにぎやかなほう
- [ ] よくみんなで寄り道をする
- [ ] みんなウソをついてもバレバレの子ばかりだ
- [ ] 先生にも一目置かれているかも
- [ ] みんな一緒だとなんでもできそうな気がする
- [ ] 親同士もわりと仲よく交流している
- [ ] 恋に対しては積極的なタイプが多い
- [ ] 男子から「お前らこわいよ」と言われることがある
- [ ] ケンカしてもわりとすぐに仲直りできる
- [ ] みんなでおそろいのグッズを持っている
- [ ] 交かん日記をはじめたけど続かなかった
- [ ] あだ名で呼び合っている
- [ ] せっかちな性格の子が集まっている

PART 1 友だちのこと、もっと知りたい!

このテストで 友だちの恋の応援方法 がわかるよ!

あてはまるものが 9コ以上
グループレジャーを企画!

行動力◎の最強チームだね。友だちの恋の応援には、カレの仲間を巻きこんでグループレジャーを企画するのがいちばん。楽しく盛りあがるうちに、2人はいいムードに!

あてはまるものが 6〜8コ
さりげなく2人きりに!

恋に慣れた子がいそうなグループだね。さりげなく友だちとカレが2人きりになるチャンスをつくってあげよう。同じ係になるように推せんするのもいいね!

あてはまるものが 4〜5コ
情報作戦でサポート!

目立たないけど結束の強いグループだね。カレの情報を友だちに教えてあげたり、カレの前で友だちの魅力的なところをほめたりしよう。みんなでやれば効果バツグン!

あてはまるものが 3コ以下
女子力みがきを応援!

やさしい子が多いグループだね。みんなで友だちの恋バナを聞いて、ステキになれるようにおしゃれや髪形など、アドバイスをするといいよ。カレからの注目度もアップ!

Q11 海にあらわれた人魚姫

海で女の子たちが遊んでいるよ。上半身しか見えないけど、この中に人魚姫がいるみたい。どの子か直感で答えて！

PART 1　友だちのこと、もっと知りたい！

- A ビーチボールを持った子
- B イルカと遊んでいる子
- C くしで髪をとかしている子
- D びんのコーラを飲んでいる子

このテストで 将来はどんな美人？ がわかるよ！

性格美人

Aを選んだあなたは…

Aを選んだあなたの将来は性格美人。丸いボール＝性格のよさを表すよ。性格がやさしくて人気があるから、友だちのなかでいちばん最初に恋人をゲットできるかもね！

知的美人

Bを選んだあなたは…

知能の高いイルカと遊ぶことを選んだあなた。将来は知的な美人になりそう。オシャレなオフィスでプロジェクトリーダーとして活やくしたり、みんなのあこがれのまとかも!?

メイク美人

Cを選んだあなたは…

Cを選んだあなたの将来はメイク美人。くし＝女子力の高さを表すよ。自分の魅力を最大限に発揮できるあなたは、どこに行ってもみんなの視線を集めそう！

スタイル美人

Dを選んだあなたは…

Dを選んだあなたの将来はスタイル美人。くびれたびん＝スタイルのよさを表すよ。ダイエットに悩む友だちから、あこがれのまなざしで見られそう！

Q12 不思議なネコ

不思議な雰囲気をもったネコ。人に気づかれないようにこっそりしていたことは？

PART 1 友だちのこと、もっと知りたい！

A カラコンをつけていた

B えさを食べずに自分でネズミをとっていた

C ネコらしく見えるように練習していた

D あちこちの家で「うちのネコ」だと思われていた

このテストで 小悪魔度がわかるよ！

を選んだあなたは…

小悪魔度 90%

目の色を変える＝変身。あなたは、かわいくあまえてみたり、クールにふるまったり……。男子の心をふりまわしてとりこにしちゃうタイプ。最強の小悪魔ちゃんだね。

を選んだあなたは…

小悪魔度 30%

えさを自力で調達するネコ＝自分のスタイルを大切にする子。あなたは男子ウケなど考えず、のびのび生きてるね。女子力より人間力が魅力のあなたの小悪魔度は低め。

を選んだあなたは…

小悪魔度 50%

練習中のあなたの小悪魔度はふつうレベル。男子をまどわせるというより、一生けん命さやドジな行動で、男子から「かわいいな」と思われるタイプだよ。

を選んだあなたは…

小悪魔度 70%

ちゃっかりした答えを選んだあなたは、男子の前だと笑顔でかわいくふるまおうとする傾向があるね。女子の前とは少し態度がちがうあなたの小悪魔度はやや高め。

Q13 みんなで順番にひいてみよう！

トランプをよくシャッフルし、裏側を上にしたカードの山から、グループみんなで順番に1枚ずつひいていって。

PART 1 友だちのこと、もっと知りたい！

ひくカードの数は1人で合計3枚。いちばん多かったマークは、ハート、ダイヤ、スペード、クラブのどれ？

A ハート

B ダイヤ

C スペード

D クラブ

このテストで 盛りあがれる場所 がわかるよ！

ハート が多かったら…

イベントやパーティーで！

ハートは仲間や身内を表すよ。みんなの誕生会を企画したり、クリスマスパーティーを開いたり、仲よしメンバーでいろいろなイベントを企画するとよさそう！

ダイヤ が多かったら…

オシャレ研究会で！

ダイヤは美やオシャレを表すよ。みんなでメイクやコーディネートの研究会を開いたらよさそう。動画や雑誌をチェックして、かわいくなる方法を実際にトライして！

スペード が多かったら…

チームで発表会！

スペードは個性を表すよ。ダンスのチームを結成したり、コントグループをつくってネタを考えたり。どんなチームにするか計画を立てるのも盛りあがるね！

クラブ が多かったら…

アドベンチャーで！

クラブは冒険を表すよ。仲よしグループで遠出をすると◎。少し難易度高めの冒険が、あとまで語り草となるようなハプニングや思い出をつくってくれそう！

りっぱな忍者になるために必要なのは?

❹のふきだしの❓に入ることばはどれだと思う?

PART 1 友だちのこと、もっと知りたい!

- Ⓐ 職人
- Ⓑ となりの国の姫
- Ⓒ タヌキ
- Ⓓ 農民のむすめ

このテストで やればハマる趣味 がわかるよ！

お菓子づくり&手芸

Aを選んだあなたは…

職人＝手仕事。あなたが夢中になりそうな趣味は、お菓子づくりや手芸。おいしい物やかわいい物をつくる楽しさにハマりそう！　おうちの人や友だちにつくってみて。

バンド&ダンス

Bを選んだあなたは…

姫＝かがやき。あなたがハマりそうな趣味は、バンドやダンス。ムリかも……なんて思わずにやってみて！　スポットライトを浴びるのがクセになったりして。

マンガ&小説

Cを選んだあなたは…

人間以外を選んだ妄想好きのあなたがハマりそうな趣味は、マンガや小説などの物語をかくこと。みんなに見せてウケたら、賞に応募するのもよさそう！

ペット&植物さいばい

Dを選んだあなたは…

農民＝育成。あなたがハマりそうな趣味は、ペットや植物を育てること。ベランダで家庭菜園をはじめれば、おうちの人も大よろこび！　将来、ペット関係の仕事につくかも!?

お化けの出る旧校舎へ

お化けが出るとウワサのある旧校舎を探検することになったよ。あなたは何を持っていく？

（1人でこのゲームをやるときは5コ選んでね。2、3人のときは3コずつ、4人以上のときは2コずつ選んで。ほかの人と同じ物を選んでもOKだよ）

1. おにぎり
2. ヘルメット
3. お守り
4. カメラ
5. 筆記用具
6. ネコ
7. ボイスレコーダー
8. チョコレート
9. テニスボール
10. 線香
11. 音楽プレーヤー
12. 水筒

PART 1 友だちのこと、もっと知りたい！

> このテストで **仲間と実現できること** がわかるよ！

お化けが表すのは未知の可能性。どれを選ぶかで、あなたとグループの個性が見えてくるよ。お守りは創造性、音楽プレーヤーはエンターテインメント性、線香は気配り、筆記用具は知性を暗示。

アイドルユニット結成!?

エネルギッシュで、歌ったりおどったりが好きな子が多そうなグループだね。このメンバーなら、アイドルユニットが結成できるかも。放課後に練習してみる？

創作活動で活やく!?

見かけと中身にギャップがあって、こだわりの強い子が多そう。このメンバーならマンガや演劇、バンドなどのアート系で活やくできそう。みんなでやってみない？

合計数を出そう　いちばん多いアイコンを教えてね。

※数が同じならABCDの順に優先とします。

C みんなで成績アップ!?

このグループは、基本的にマジメな子が多くて未来志向が強いから、そろって成績アップをねらうと実現しそう。得意分野を教え合ったりできる、勉強会がおすすめ！

D 仲よしクラスに!?

1人1人はひかえめだけど、しんは強い子が集まっているよ。しかも、心がやさしくて楽しいことが好き。力を合わせれば、クラスを1つにまとめることができそう。盛りあがるイベントを企画してみては？

PART 1　友だちのこと、もっと知りたい！

Q16 宇宙人と戦えるのは?

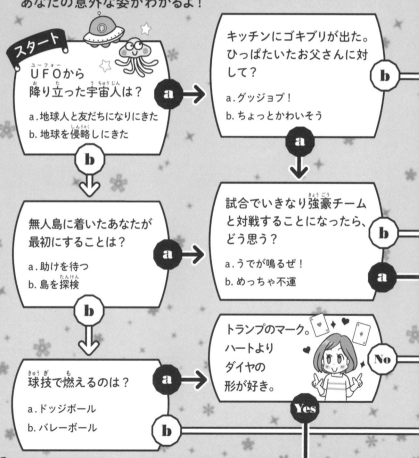

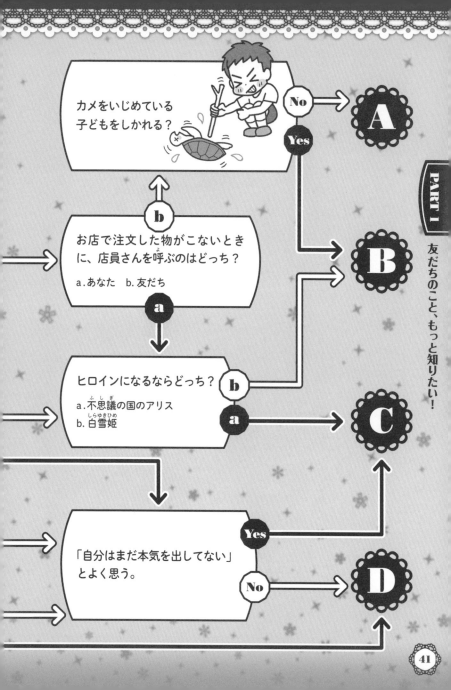

この テストで いざとなったら強い人 がわかるよ！

A やさしいヘタレタイプ

あなたは戦うことには全然向いてないタイプ。そもそも最初からだれかと衝突するのをさける傾向があるね。それでいつも自分から折れることが多いようだけど、正しいと思ったことはちゃんと口に出す勇気も必要かも！

B 慎重冷静タイプ

問題がおこるとまずは様子を見て、災難が去るのを待つタイプ。戦いにはあまり向いてないみたい。ことを荒立てるのは好きじゃないので我慢することも多いけど、実は正義感の強い人。ときには断固立ちあがることも！

ふだんのときと、いざってときのタイプのちがいを発見できるね!

C いざとなったら強敵(きょうてき)タイプ

冒険心(ぼうけんしん)に富み、自分なりの美意識(びいしき)をもったあなたは、いざとなったら強敵(きょうてき)になれるタイプ。追いつめられたらすごいパワーを発揮するから、一目置かれている人ね。あなたのなかにある1本筋(すじ)の通ったところが強さの秘けつ。

D 負けない最強タイプ

まちがいなくみんなのなかでいちばん強いタイプ。ファイティングスピリットにあふれ、行動力もバツグン。みんなを守りたいヒーロー的なところがあなたのパワーの源(みなもと)。ふだんから強いけど、いざというときも最強だよ!

PART 1 友だちのこと、もっと知りたい!

Q17 あわてんぼうのマジシャン

下のイラストには、左右でちがっている部分が４つあるよ。
いちばん最初に気づいたまちがいはどれかな？

PART 1 友だちのこと、もっと知りたい！

このテストで やりがちなしくじりがわかるよ！

「髪形」に気づいたあなたは……
うっかりタイプ

髪形の向き＝あわてる傾向。あなたはうっかりタイプ。いそがしいと大事なことを忘れがち。約束の時間や待ち合わせ場所など大切なことをメモして、ちゃんと確認するようにしよう。あせらないよう早めに行動するといいね！

「ウサギの服」に気づいたあなたは……
緊張タイプ

ウサギは緊張しやすい心を表すよ。あなたはドキドキすると、ビックリするようなことをやらかしそう。好きな人の前で転んだり、カラオケで思いきり歌詞をまちがえたり。ふだんとのギャップがかわいくてウケちゃうかも。

行動する前に
よく考えるクセを
つけるといいね!

「男女のちがい」に気づいた あなたは……
考えなしタイプ

男女の子どもが表すのは、幼いミス。食べすぎておなかをこわしたり、遊びすぎて、翌日、グッタリしたり……。「子どもか!」とつっこまれそうなしくじりパターンが多そう。よく考えて行動したほうがいいかもよ。

「笑ってる子」に気づいた あなたは……
口はわざわいタイプ

文字どおり、「口はわざわいのモト」だよ。あなたは、つい友だちの秘密をバラしちゃったり、「そのひとくちがブタになる」なんてよけいなひとことを言ったりしがち。特に楽しいときほど、ことばに気をつけようね。

PART 1 友だちのこと、もっと知りたい!

Happy コラム 1

相手に好意をもってもらえる『相づち』効果

あなたは今、仲よくなりたい人がいるかな?

あこがれの人や人気のクラスメートなど、好かれたい相手にすぐに使える心理学的なテクニックがあるよ。それは、心理学で実証された『相づち』の方法。ある心理学者が実験したところ、**話にうなずくだけで話し手の発言量が1.5倍も増えたんだって**。やり方はかんたん!相手の子が「〜だと思うんだ」とか「〜だったんだよね」というように、ちょっとことばを切ったタイミングで、ただ「うん、うん」と相づちを打ってうなずくだけ。人はちょうどいいタイミングでうなずいてくれると、「わたしの意見に賛成してくれてるんだ」「ぼくの話を真剣に聞いてくれてるな」と感じて、**聞いている人に好意をもつらしいよ**。さっそく試してみない?

これでバッチリ、会話上手になれるね!

PART 2
友だちともっと仲よくなりたい！

あの友だちともっと仲よくなりたい！
親友になれるヒントが
いっぱい見つかるよ！

> **このテストで** **あなたにピッタリの親友タイプがわかるよ!**

A 知的で大人っぽいタイプ
素直で明るいあなたには、知的で冷静なタイプが◎。あなたから遊びにさそってアクティブに!

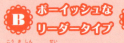
B ボーイッシュなリーダータイプ
好奇心おう盛で少しあまえんぼうのあなたは、リーダータイプが◎。勉強や恋の悩みなど、なんでも相談して!

C 素直で行動的なタイプ
気づかい屋のあなたには、素直で行動的なタイプが◎。自分の意見を伝えると、さらに仲よし度アップ!

なるほど!! あたってる!
アンナにもっと自分の意見を
伝えればいいんだね。
やってみるよ!

ガンバッ

好みがちがっても
たまにケンカしても…

10年後

アンナと
一生の友だちで
いたいな

ベストフレンド
フォーエバー
(BFF)だね!

うん うん

ほしい物はどれ?

ショッピングモールを歩いていたら、ある売り場に「ご自由にどうぞ」のポップが。そこには何が置いてあったと思う?

PART 2 友だちともっと仲よくなりたい!

- **A** 新発売のドリンク
- **B** カルチャーセンターのチラシ
- **C** おかずの試食
- **D** のどあめ
- **E** 割引券

このテストで **好かれるキャラづくり** がわかるよ！

Aを選んだあなたは…

リーダーキャラになろう

みんなの先に立って行動したり、遊びの企画を考えたりしてみよう。リーダーキャラになると人気が出るよ！

Bを選んだあなたは…

盛りあげるおもしろキャラになろう

会話がとぎれたときにおもしろいことを言ったり、ツッコミを入れたりしよう。楽しいキャラは友だちづくりに最適！

Cを選んだあなたは…

ホッコリなごみキャラになろう

みんなの話をニコニコしながら聞いたり、天然っぽい発言をしたり。なごみキャラになると友だちができそう！

Dを選んだあなたは…

気配りキャラになろう

人の体調を気づかったり、係の仕事をさりげなく手伝ったり。気配りキャラになると、友だちができやすいよ！

Eを選んだあなたは…

お得な情報ツウキャラになろう

新製品やプレゼントキャンペーンなどお得な情報をいっぱい知っている情報ツウキャラになると、友だちが増えそう！

天使が舞いおりた夜

目が覚めたとき、あなたのまくらもとに"天使がおりてきた"しるしが残っていたよ。それはなんだと思う？

PART 2 友だちともっと仲よくなりたい！

A かがやく羽根が落ちていた

B はなやかな香りがただよっていた

C 不思議なお守りが落ちていた

D 芽が出たばかりの球根に花がさいていた

このテストで あなたのキラキラポイントがわかるよ！

ファッションセンス

あなたは、センスバツグンのファッションリーダー。みんなが、どうしたら自分も魅力アップできるか、アドバイスを聞きたがってるよ。ユニークな話し方もまねされそう！

やさしさと思いやり

いつも一歩ひいている雰囲気のあるあなたは、みんなをやさしく見守ってくれる天使のよう。おとなしくひかえめだけど、冷静な判断は的確で、調整役としても大切な存在。

強さとカッコよさ

しっかりしていて、たよりになるお姉さんのような存在。リーダーシップがあって、めんどう見もいい。さっぱりしているようで、実は情に厚いのもキラキラポイント！

明るさと楽しさ

さいている花は、はなやかさの象徴。あの子といると、楽しくて明るい気もちになれるって思われてるよ。場を盛りあげるあなたは、グループになくてはならない存在！

Q04 いちばん印象に残るのはどれ?

仲よくなりたい友だちを思いうかべて。そのあとに下のイラストを見てね。どれがいちばん印象に残ったかな?

PART 2 友だちともっと仲よくなりたい!

- D 人形
- A マフラー
- B 本
- C カップ

このテストで **仲よくなるコツ** がわかるよ!

A の友だちは…
気もちに寄りそって!
マフラーはやさしさといやしを表すよ。友だちの気もちに寄りそい、真剣に話に耳をかたむければ、あなたに好意をもってくれるはず。本音で話ができる親友になれるよ!

B の友だちは…
共通の話題をつくろう!
本は知性を表すよ。読んだ本、見た映画など、「あの最後ってどう思う?」なんて話をふると、あなたを見る目がちがってくるかも。共通の話題で、きずなが深まるよ!

C の友だちは…
ホットな話題で楽しく!
カップは幸せと楽しさを表すよ。話題になっている人気アイテムや人気スポットなど、最新情報の話で盛りあがりそう。「一緒に遊びに行かない?」ってさそってみよう!

D の友だちは…
ステキなところをほめて!
ケースのなかの人形は孤独やさびしさを表すよ。友だちは落ちこんでいるのかも。その子のステキなところを見つけて、ほめてあげて。特別な友だちになれそう!

Q05 おしゃべりな人さし指

あなたの右手の人さし指が、左手の指たちとお話がしたいって。右手の人さし指を、話をしたいと思う左手の指にくっつけて！

PART 2 友だちともっと仲よくなりたい！

※右手の人さし指は『あなた』を表します。

 A 親指

 B 人さし指

 C 中指

 D 薬指

 E 小指

このテストで あなたの魅力がアップする相手がわかるよ！

Aを選んだあなたは…

両親＆家族

親指は両親や家族を表すよ。家族のだれかと一緒だと、あなたのなかにある、素のままの自然な魅力が発揮できるよ！

Bを選んだあなたは…

仲のよい友だち

人さし指は友だちを表すよ。仲のよい友だちがあなたの長所をのばし、あなたをかがやかせてくれそう！

Cを選んだあなたは…

学校の先輩

中指は年長者、先輩を表すよ。学校の先輩が、あなた自身も知らない魅力を見つけてみがいてくれるかも!?

Dを選んだあなたは…

異性の友だち

薬指は恋人や異性の友だちを表すよ。異性の友だちといると、明るくパワフルなあなたになれそう！

Eを選んだあなたは…

後輩の子

小指は年下の人を表すよ。あなたが目をかけているかわいい人と一緒だと、やさしさや包容力がひきたつよ！

Q06 おそろいコーデでお買い物しよう!

4の❓はどれだと思う?

PART 2 友だちともっと仲よくなりたい!

- **A** 白い帽子
- **B** ピンクのヘアアクセ
- **C** パープルのプリントTシャツ
- **D** ブルーのボーダーシャツ

 **友だちと仲直りする方法がわかるよ！**

Aを選んだあなたは…

素直にあやまろう

白は純粋を表す色。ごめんって素直にあやまるのがいちばん！ あやまったあなたを見て、友だちのかたくなな心も一瞬でとけそう。今まで以上に仲よくなれるかも!?

Bを選んだあなたは…

仲裁に入ってもらう

ピンクは仲間を表す色。2人だけだと気まずくなるから、共通の友だちに間に入って、取りもってもらおう。「ほら、あく手して」といわれれば、仲直りできちゃいそう！

Cを選んだあなたは…

手紙を書こう

パープルは知性を表す色。直接会って話すのがにがてなら、手紙に仲直りしたいって書いて渡そう。上手な文章じゃなくても、気もちは伝わるはず！

Dを選んだあなたは…

少し様子を見よう

ブルーは静寂を表す色。少し冷却期間を置いたほうがいいかも。友だちも仲直りしたいって思いはじめるまで待ってから、思い切って声をかければいいよ！

今日はどんなハンカチを持ってるかな?

グループで集まったときに、「イチニノサン!」で自分のハンカチを出してみよう。いちばん多いのはどんな柄だった?

PART 2 友だちともっと仲よくなりたい!

- **A** キャラクターか動物柄
- **B** 花柄かフルーツ柄
- **C** チェックかボーダー
- **D** その他

このテストで なれるアイドルグループ がわかるよ！

ご当地アイドル

Aが多かったのは…

キャラクターや動物柄は親しみやすさを表すよ。このメンバーでユニットをつくれば、ご近所や地域で愛される、身近な存在のご当地アイドルになりそう！

正統派アイドルグループ

Bが多かったのは…

花もフルーツも女子力の高さを示す物だよ。このメンバーで結成できそうなのは、かわいさが魅力の正統派アイドルグループ。ファンがたくさんつきそう！

オシャレで大人なアイドルグループ

Cが多かったのは…

チェックとボーダーが表すのはセンスのよさ。このメンバーが集まれば、オシャレなファッションと歌唱力が魅力の大人っぽいアイドルグループが誕生するかも！

個性派アイドルグループ

Dが多かったのは…

バラバラのハンカチを持つこのグループは、おもしろい子の集まり。このメンバーなら、キレッキレのダンスやトークが売りの個性派アイドルグループができるね！

Q08 気になるあなたの〇〇パターンは？

あなたにあてはまるものをすべてチェックしよう。

- [ ] 今、はやっているものにくわしい
- [ ] 場を盛りあげるムードメーカー的なところがある
- [ ] しょっちゅう食べすぎているような気がする
- [ ] あまり細かいことを気にしない、おおらかな性格だ
- [ ] ゲームセンターに行くと、どれもみんなやりたくなる
- [ ] 「ノリがいい！」と言われる
- [ ] 注意されても、また同じことをやってしまう
- [ ] お笑い芸人にあこがれる
- [ ] いつも何か熱中しているものがある
- [ ] 言いたいことはハッキリと口に出して言うほうだ
- [ ] 1人でいるのって退屈でつまらない
- [ ] 早食い競争をしたら優勝候補になるかも

PART 2 友だちともっと仲よくなりたい！

落ちこみパターンがわかるよ！

あてはまるものが 10コ以上

調子に乗って自己嫌悪!?

あなたはノリがよくてサービス精神がおう盛。つい大げさに話したり、知ったかぶりをして、あとで落ちこんだりしそう。「調子に乗ってるな」と思うときは気をつけて。

あてはまるものが 7〜9コ

かんちがいでへこみそう

行動的で前向きなあなたは、思い立ったらすぐ実行したいタイプ。そんなあなたは、衝動買いやかんちがいでへこむことが多そう。確認や準備するクセをつければバッチリ！

あてはまるものが 4〜6コ

友だちのひとことでガックリ

周囲に気をつかいがちのあなたは、友だちの何気ないひとことで、ド〜ンと落ちこむことが多そう。人は人、自分は自分。「そうかもね」と軽く受け流しちゃおうよ！

あてはまるものが 3コ以下

やれずに落ちこむパターン

あなたは思慮深い人。考えすぎて、結局、行動できなかったりしてない？「あのとき、こうしていれば……」があなたの落ちこみパターン。勇気を出して、一歩ふみ出そう！

どの絵がいちばんイメージに近い?

4枚の絵があるよ。10年後の友だちがじっと見ているのはどの絵だと思う?

夕焼け空に
うかぶ月

森のなかの
フクロウの絵

ハトが遊ぶ
公園の絵

荒波のなかを進む
帆船の絵

PART 2 友だちともっと仲よくなりたい!

このテストで **10年後も友情が続くか**がわかるよ！

A の友だちとの関係は…
大恋愛で友情はお休み中

夕焼けはロマンチックな恋の象徴。月もロマンスを表します。この友だちの10年後は大恋愛の真っ最中かも。恋人のことで頭がいっぱいで、友情はお休み中みたい。

B の友だちとの関係は…
10年後は友情が深まる

フクロウは知恵の象徴。深みのあるかしこい人に成長したこの友だちは、人の気もちや機微をよく理解できそう。そんなステキになった子との間で、さらに友情が深まりそう。

C の友だちとの関係は…
10年後も同じくらい仲よし

ハトは平和とかわらぬ友情のしるし。10年という時がたつ間に、2人にはいろいろなことがありそう。でも、きっと今と同じくらい仲よしだよ。

D の友だちとの関係は…
会えばなつかしい友だち

波のある海＝戦いの象徴。そのなかを進む船は、受験などの新しい環境で奮闘している様子を暗示。がんばってる友だちとは今ほど会えないけど、会えばいい感じ。

回転ずしのネタはどれが好き？

回転ずしに行ったあなた。目の前においしそうな物が流れてくるよ。なにも考えずに食べたい物を5皿取ってみて。

PART 2 友だちともっと仲よくなりたい！

（1人でこのゲームをやるときは5コ選んでね。2、3人のときは3コずつ、4人以上のときは2コずつ選んで。ほかの人と同じ物を選んでもOKだよ）

1. まぐろ
2. サーモン
3. アボカドロール
4. からあげ
5. サラダ
6. 茶わんむし
7. ラーメン
8. たまご
9. ねぎとろ
10. 今日のイチオシ
11. パフェ
12. 和牛ステーキ

このテストで 異性の友だちのつくり方 がわかるよ！

バラエティ豊かな回転ずしが表すのは"異性の友だちと知り合う楽しさ"。お肉類はアクティブさ、あまめの物は人なつっこさ、具の多い物は好奇心、人気のネタは常識や慎重な性質を示すよ。

「たよっちゃう作戦」であまえよう！

あまい物やかわいい物を選んだあなたは、人なつっこいタイプ。異性の友だちをつくりたいなら、たよっちゃう作戦がおすすめ。「算数教えて」「消しゴム借りていい？」などとあまえてみるといいよ。

「盛りあがり作戦」で一緒に遊ぼう！

肉類やボリュームがある物を選んだあなたは、アクティブな人。異性に交じって、ドッジボールやゲームをして盛りあがっちゃおう。遊んでるうちに自然と仲間になって、異性の友だちが増えるよ！

合計数を出そう いちばん多いアイコンを教えてね。

1	2	3	4	5	6	7	8	9	10	11	12
☾	☾	❀	❄	☾	★	❄	❄	★	★	❀	❄

⬇

❀花 **A** ❄雪 **B** ★星 **C** ☾月 **D**

※数が同じならABCDの順に優先とします。

PART 2 友だちともっと仲よくなりたい！

C 「質問作戦」で話をひき出そう！

具が多い物や何が出てくるかわからない皿を選んだあなたは、探究心が強い人。「どんな動物が好き？」「宿題やった？」などと質問しちゃおう。そこから話が広がって、友だちができるよ！

D 「うなずき作戦」で聞き上手に！

人気ネタや野菜を選んだあなたは、慎重で人見知りなタイプ。異性の友人をつくるなら、まずは地道にあいさつからはじめよう。相手の話の聞き役になるのも◎。いい異性の友だちができそう！

Q11 こんなときあなたは?

あてはまるほうを選んで、矢印にそって進もう。
あなたの意外な姿がわかるよ!

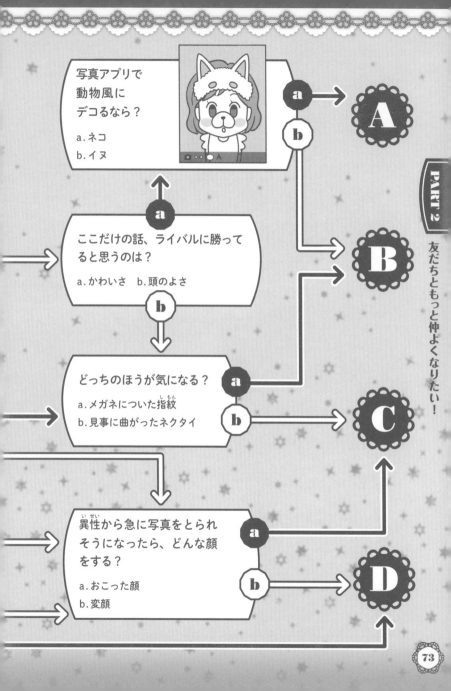

魅力アップのコーデ がわかるよ!

ガーリーなコーデで モテ度アップ

キュートでかわいらしい雰囲気のあなたは、フリルやリボンがついた、おとめな感じのファッションがピッタリ！ふわっとしたシルエットのスカートや花柄ワンピ、ストラップつきのパンプスが似合うよ。モテ度もアップしそう♡

トラッドなよそおいで 好感度アップ！

知的で落ち着いたムードのあなたは、スクールガール風のトラッドなコーデが魅力的！チェックのプリーツスカートにカーディガン、リボンタイ、くつはローファーが◎。メガネやベレー帽などの小物がアクセントに！

自分にピッタリの
ファッションを知って、
もっとかがやきたいね!

PART 2 友だちともっと仲よくなりたい!

C ロックなコーデでかがやけそう!

人にこびるのはにがてなクールな雰囲気のあなたは、ロックファッションがハマりそう。ロゴTシャツに皮ジャン、黒いブーツやメタルっぽいアクセなど試してみては? シャープな魅力がひき立って、カッコよさそう!

D ボーイッシュな服で魅力倍増!

明るくやんちゃ、楽しい雰囲気のあなたは、ボーイッシュなファッションがお似合い。ボーダーシャツにデニムのショートパンツ、ビビッドカラーのキャップと厚底スニーカーなどで合わせてみては? あなたの魅力がひき立つよ!

ドラゴンと少女

下のイラストには、左右でちがっている部分が4つあるよ。
いちばん最初に気づいたまちがいはどれかな？

PART 2 友だちともっと仲よくなりたい！

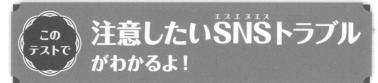

このテストで 注意したいSNS（エスエヌエス）トラブルがわかるよ！

「ドラゴンの口」に気づいたあなたは……
自慢モードにご用心

ドラゴン＝すごい自分。あなたはネット上で認めてもらいたい気もちが強そう。話題の中心になりたくて自慢げに写真を送ったり、長文のメールを送ったりしそう。自慢モードをやめれば、逆に認めてもらえるはず。

「月の形」に気づいたあなたは……
既読スルーに注意

月＝うわの空。あなたはふだんのつきあいではちゃんとしているのに、SNS（エスエヌエス）だとめんどくさがり屋になりそう。読んだあとに返事を先のばしにして既読スルーになったり、コメントをつけ忘れたり。すぐに返事するクセをつけよう！

SNSはすぐに送信できちゃうから注意が必要だよ!

「守られている少女の表情」に気づいたあなたは……
ズルズルチャットは×

守られている少女=かまってもらいたい心。あなたはネット上では、ふだんよりもさびしがりになりがち。みんなとつながっていたくて、夜中でもたわいないチャットやメールをしてしまいそう。適当なところで切りあげてね!

「かっちゅうの剣士の姿」に気づいたあなたは……
キツい内容に注意

かっちゅう=にぶさ。あなたはネット上では、少し気づかいに欠ける傾向があるよ。悪気はないけど、友だちのウワサや秘密を流したりしていない? みんながコメントしづらいことは書かないのがいちばん。読み直してから送信しよう。

PART 2 友だちともっと仲よくなりたい!

Happyコラム 2

初デートを成功させるには？

さあ、いよいよ初デートってとき、どこに行くかはとっても大切。「好きな人とお出かけできるなら、どこでもいい」っていう人も多そうだけど、もしも2人の気もちがぐっと近づく効果のある場所があるとしたら？

心理学が教えてくれるおすすめの場所は、**「うす暗い場所」**。適度に照明が落ちた場所にいると、親密度がアップすることが証明されているんだ。だから、最初のデートは**映画館**やプラネタリウムがいいかも。

もうひとつのおすすめは**「少しせまい場所」**。物理的なきょりが縮まると、心のきょりも接近するらしいよ。次のデートは遊園地に行って、**観覧車**や**小さなカート**に乗るアトラクションがよさそう！

デートで、暗くてあぶない場所は絶対ダメよ!!

PART 3
好きな人やカレの本音をのぞいちゃおう!

好きな人のことは全部知りたい!
親密度(しんみつど)がアップする
恋(こい)のテクニックが見つかるよ!

Q01 体育の時間のカレはどんな感じ？

A 真剣に運動している

B 友だちと話したりふざけたりしている

C ときどきボーッとしている

PART 3

そういえば
サッカーのとき……

ボーッとしてた！

この心理ゲームで、カレが恋したときのサインがわかるよ！

すごい!!

このテストで カレが恋したときのサインがわかるよ！

A なぜかドジに変身!?
マジメなカレが恋をしたら、挙動不審になりそう。あなたの前でドジったり、ことばをかんだりしたら恋のサイン！

B ツンデレになっちゃう!?
フレンドリーなカレが恋をしたら、意識しすぎてそっけなくなりそう。急に冷たくなったら、あなたに♡かも！

C スキンシップしてくる！
個性的で自由なカレは、恋をすると接近してくるタイプ。からかったりスキンシップされたりしたら恋の証拠。

恋のサインが出てるね〜。自信もって！

キャー

ショウマ、今度一緒に遊ぼうよ！

いいよ

わたしからも話しかけてみよう……

ショウマおはよう！

お！

お！コトハーおはよう！

少しずつ…ね♡

Q02 今日のお弁当の中身は?

お弁当に入っている4つの物から、いちばん印象に残った物を言ってみて!

PART 3 好きな人やカレの本音をのぞいちゃおう!

- **A** 焼き魚
- **B** タコのウインナー
- **C** チーズハンバーグ
- **D** おにぎり

このテストで 運命の相手に会える場所 がわかるよ！

A を選んだあなたは…

じゅくや図書館

魚は脳を活性化させ、頭のよさを表すよ。運命の相手に出会える場所は学びの場。じゅくや図書館でよく見かける人に注目。その子もあなたのことを意識してるかも!?

B を選んだあなたは…

花火大会などのイベント

タコのウインナーは、楽しさを表すよ。花火大会の会場やお祭りなどで出会いそう。楽しいイベントだから、初めて出会ったのにすぐに盛りあがって仲よくなれそう！

C を選んだあなたは…

スポーツ関連施設

ハンバーグはスポーツを表すよ。試合で出かけた競技場や、プールなどのスポーツに関係したところが出会いの場になるかも。さわやかなつきあいになりそうだね！

D を選んだあなたは…

学校や登下校途中

おにぎりは身近な物を表すよ。教室や登下校時に利用する乗り物での出会いが有望。ノーチェックだったけど、「こんなステキな人だった？」という子がいるかも!?

Q03 カラオケで歌ってみよう♪

「あっ！ ○○ちゃんの好きな曲だよ。歌って歌って！」と、いきなりマイクを渡されちゃった。さあ、どうする?

PART 3 好きな人やカレの本音をのぞいちゃおう！

A ノリノリで歌い出す

B 歌うけど1小節くらい

C ふりつけつきで熱唱

D にげる

このテストで どうすればモテる!? がわかるよ！

オシャレをしよう

Aを選んだあなたは…

明るく人気者のあなただけど、意外と友だちどまりで終わるパターンが多いかも。ここはオシャレに気をつけ、女子力をアップ。大人っぽい雰囲気でドキッとさせちゃおう！

笑顔を増やそう

Bを選んだあなたは…

オープンに気もちを表すのが得意じゃないかも!? 異性から誤解されないように、笑顔を増やそう。ステキな笑顔はあなたの本当の魅力をひき出し、モテ度も上昇！

自然体でいよう

Cを選んだあなたは…

気づかいのできるあなた。いつもちょっとムリしてない？ 魅力的だから、それ以上がんばらなくても大丈夫。そのままの自然体でいるほうがモテ度もアップしそう！

フレンドリーに話しかけよう

Dを選んだあなたは…

マジメではずかしがり屋のあなた。やさしいあなたは実はモテ要素がいっぱい。フレンドリーさを身につけて、がんばって異性に話しかけてみよう！

Q04 紙を折ってみない?

折り紙などの正方形の紙を1枚用意してね。その紙を好きなように折ってみよう!

PART 3 好きな人やカレの本音をのぞいちゃおう!

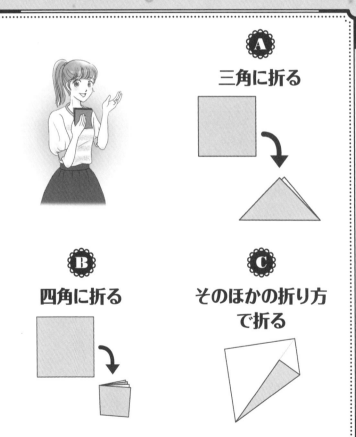

A 三角に折る

B 四角に折る

C そのほかの折り方で折る

このテストで 相性◎のカレのタイプ がわかるよ！

A を選んだあなたは…

明るくてさわやか。リーダーシップのあるスポーツマン

三角は成長、発展、前向きな姿勢を象徴する図形。三角形を折ったあなたと相性のよいカレのタイプは、明るいスポーツマン。カレのさわやかな笑顔にいやされるかも!?

B を選んだあなたは…

やさしくてマジメ。勉強のできる代表委員タイプ

四角は安定、堅実を象徴する図形。四角に折ったあなたと相性のよいカレのタイプは、やさしくてマジメな代表委員。勉強を教えてって言えば、自然な形で仲よしに！

C を選んだあなたは…

びっくりさせられる言動や行動で人気のクリエーター

ふつうじゃない、あえてかわった折り方を選んだあなたと相性ピッタリなのは、個性豊かなクリエータータイプ。カレのユニークな発想や行動にワクワクしそう！

Q05 浦島太郎をひき止めて!

あなたは竜宮城の乙姫様。浦島太郎のことが大好きなのに、カレは地上に帰っちゃう。ひき止め作戦に使うのは?

PART 3 好きな人やカレの本音をのぞいちゃおう!

魚たちのショーをグレードアップ

乗って帰れないようカメをかくす

結婚を申しこむ

| このテストで | **あなたの恋のスタイルがわかるよ！** |

ポジティブで
ネバーギブアップなスタイル

Aを選んだあなたは…

向上心があってがんばり屋さん。みんながムリかも、とあきらめるときも前向きだよね。恋をするとたくさんのことを吸収して、ステキな人に成長できるタイプ。

なが〜く続く
一途なスタイル

Bを選んだあなたは…

一途に恋するあなたは、一度だれかを好きになると、線香花火のようにずっと恋心が続くタイプだね！ いつも一緒にいられるから、みんなからもうらやましがられるね。

一瞬で恋に落ちる
ジェットなスタイル

Cを選んだあなたは…

あなたは人を好きになったらまっしぐらで、ロケット花火のように飛んでいくタイプ。ライバルや元カノをけちらし、カレをゲットするまであきらめない激しい人になっちゃうね！

あなたの〇〇タイプがわかっちゃう!

あなたにあてはまるものをすべてチェックしよう。

- [ ] アイドルのオーディション、自分なら受かりそう
- [ ] 学校ではグループでかたまらず、いろいろな人と話す
- [ ] 今、メイクにとても興味がある
- [ ] 初対面の男子と笑顔でトークできる
- [ ] 校内でよく知らない人から話しかけられることがある
- [ ] 男子にたのみごとをして断られたことはほぼない
- [ ] 「〇〇君とあまり話さないで」と言われたことがある
- [ ] 流行の物をチェックするのって楽しい
- [ ] まわりにオシャレな友だちが多い
- [ ] コスプレしてパレードなどに参加してみたい
- [ ] やっぱり髪はロングがいいな
- [ ] 友だちと買い物に行くとアドバイスを求められる

PART 3 好きな人やカレの本音をのぞいちゃおう!

このテストで あなたのモテタイプがわかるよ！

あてはまるものが 9コ以上 いろんなタイプからモテモテ

コミュニケーション能力が高くて、オシャレでアクティブ。女子力高めだから、いろんなタイプの男子からモテそうだよ。その分、女子にきらわれないように注意！

あてはまるものが 6〜8コ その気になればモテるよ

モテ要素は多いけど、理想が高くてこだわりが強そう。"つきあうならレベルの高い相手！"と決めてる？ そんなプライドの高いあなたは、その気になるとモテる人。

あてはまるものが 4〜5コ 大人になるとモテるタイプ

天真爛漫で幼さが残るあなたは、恋に対する興味はイマイチ低め。でも、時期がくれば、ねむっている魅力が開花してモテ期に突入！ 大人になったらモテるタイプ。

あてはまるものが 3コ以下 運命の人からモテるタイプ

おく手でもしんは強いあなた。どうでもいい人からモテてもしようがないと思ってるね。あなたがモテるのは本気の恋をしたとき。運命の人からモテるタイプ。

Q07 あまい誘惑(ゆうわく)に負けちゃいそう……

街に遊びに出かけたあなた。デザートのお店がたくさんあるけど、どのお店にひかれるかな?

PART 3 好きな人やカレの本音をのぞいちゃおう!

たくさんのフレーバーを楽しめる
ポップコーン屋さん

トッピング自由の
アイスクリーム屋さん

メニューは
1種類しかないけど
おいしいパンケーキ屋さん

このテストで あなたの浮気度がわかるよ！

優柔不断でホレっぽい 浮気度高めの70%

Aを選んだあなたは…

種類豊富なお店を選んだあなたは、ホレっぽい人。人気がある魅力的な子に出会うたび、いいなって思っちゃう。でも、ちゃんとつきあいはじめたら一途みたいだよ。

ステキな子が恋人でも、つい目移りしちゃう浮気度90%

Bを選んだあなたは…

たくさんのトッピングにひかれるあなたは浮気度超高め。つきあいはじめても、別のタイプのカッコイイ子があらわれると、心がそわそわ。目移りしちゃいそうだよ。

1人の人と長くつきあう 浮気度40%以下

Cを選んだあなたは…

1種類しかないメニューのお店を選んだあなたの浮気度は低め。1人と深くつきあうタイプだね。表面的なつきあいではわからない、おたがいの魅力を発見できそう！

お化け屋敷できょうふ体験

お化け屋敷に行ったよ。このなかに本物のお化けが交じっているんだって！ それはだれだと思う？

PART 3　好きな人やカレの本音をのぞいちゃおう！

- A　吸血鬼
- B　化けネコ
- C　ゾンビ
- D　白いゆうれい

このテストで 恋のライバルのタイプがわかるよ！

クールな優等生タイプ

Aを選んだあなたは…

恋のライバルは、勉強ができる優等生。クールで自分の意見をハッキリ言うところが人気で、男の子がちょっとあこがれちゃうタイプだね。強力なライバルかも。

フレンドリータイプ

Bを選んだあなたは…

恋のライバルは、明るくてノリがいいフレンドリーなタイプ。友だちの地位を最大限に活用してきょりを縮める、あなどれないタイプだね。

女子力高めタイプ

Cを選んだあなたは…

ゾンビってくっついて仲間にしたがるよね。ボディータッチしたり、かわいい魅力で男の子にアピールするタイプがライバル。純情な男の子はメロメロになっちゃうからくやしい!?

守ってあげたいタイプ

Dを選んだあなたは…

かよわくて男の子が守ってあげたくなるタイプ。実は、男の子はこの手の女子に弱いもの。あいつはぼくがいなくちゃダメなんだって思わせるのが上手みたい。

朝おきたら大変なことに!

❹で電話の向こうの男の子はなんと言ったと思う?

A 「あとで対策を練ろう」

B 「あやしまれないようにふつうにしてな」

C 「原因を調べてみよう」

D 「映画みたい。なんかワクワクしない?」

PART 3 好きな人やカレの本音をのぞいちゃおう!

このテストで 今すぐしたいデートがわかるよ！

ドキドキの放課後デート

Aを選んだあなたは…

あとで対策＝放課後。あなたが今すぐしたいのは、放課後デート。公園のベンチでおしゃべりしたり、店をのぞいたり。楽しそうな「対策」がいっぱいだね！

楽しいグループデート

Bを選んだあなたは…

みんなにあやしまれない＝グループ。2人だけだと、緊張したり気まずくなったりしたらどうしよう……と心配だけど、気軽なグループデートだとリラックスして楽しめそう！

2人だけの勉強会

Cを選んだあなたは…

調べてみる＝勉強。あなたが今すぐしたいのは、2人だけの勉強会。参考書を見せ合ったり、わからないことを一緒に調べたり。会話も自然とはずみそうだね！

イベントデート

Dを選んだあなたは…

映画＝エンタメ。あなたが今すぐしたいのは、イベントに2人で行くこと。これからどうなるか、何がおこるかわからないワクワク体験を一緒にしたいのかも!?

Q10 コスプレするなら どれにする?

ハロウィーンパーティーに招待されたよ。ひかえ室にはコスプレ衣装や小物がいっぱい。好きな物を5つ選んでみて。

PART 3 好きな人やカレの本音をのぞいちゃおう!

① 魔女服

② プリンセス風ドレス

③ 海ぞく風の衣装

④ 化けネコの着ぐるみ

⑤ 目玉のお菓子

⑥ 牙

⑦ かぼちゃのランプ

⑧ こわいつけづめ

⑨ 血のついたおの

⑩ クモの巣シール

⑪ 傷シール

⑫ つの

あなたの恋の弱点がわかるよ!

何を身につけたいかで見えてくるのは、あなたの恋のウィークポイント。牙はかくれた攻撃性、おのはボーイッシュさ、傷は自信のなさ、目玉は浮気心などを表すよ。

積極的すぎるのが弱点

攻撃的な物を選んだあなたは、恋に対して情熱的で積極的なタイプ。両思いになりやすいけど、アピールしすぎてカレにひかれることも。相手の都合を考えてアプローチすることが大切だよ。

友だち以上になれないのが悩み

ハロウィーンらしいグッズを選んだあなたは、フレンドリーでノリのいい人。男子と友だちになるのは早いけど、男同士みたいに気軽な仲に落ち着きがち。女らしさを見せて、恋に発展させよう!

合計数を出そう　いちばん多いアイコンを教えてね。

※数が同じならABCDの順に優先します。

C　一途になりきれないのが残念！

気まぐれさを表すグッズを選んだあなたは、魅力的だけど少し浮気っぽいタイプ。恋のターゲットがコロコロかわったり、交際にあきちゃったり……。イマイチ一途になれないのが弱点かも!?

D　恋ににげごしなのが弱点！

弱気を表すグッズを選んだあなたは、恋に対して消極的になりがち。傷つくのがこわくて積極的になれないのが弱点だよ。せっかくのチャンスをのがしたらもったいない！　もう少し勇気を出そう！

PART 3　好きな人やカレの本音をのぞいちゃおう！

Q11 カレの気になる○○は？

気になるカレのことを、イメージしながら答えてね。

スタート

休み時間は運動場で遊んでいることが多い。
- No → カレがみんなをアッと言わせるのは、どんなとき？
  - a. 授業中の物知り発言
  - b. 体育の時間や運動会
- Yes ↓

ときどき女子トークに割って入ってくることがある。
- Yes → カレが幸せそうに見えるときは？
  - a. 給食の時間
  - b. 放課後
- No ↓

カレがケンカをしているところを見たことがない。
- No → カレを海のほ乳類にたとえると？
  - a. イルカ
  - b. ラッコ
- Yes

PART 3 好きな人やカレの本音をのぞいちゃおう!

いい香りには
すぐに反応しそう。

→ No → **A**
Yes

↑ a

ショッピングモールのなかで
カレと偶然会いそうな場所は?

a. 本屋さん　b. フードコート

→ **B**

↓ b

泣いている子どもを見つけたら、
カレはどうする?

a. しゃがんで話しかける
b. あめをあげる

b → **B**
a → **C**

身軽で、何気ない
動きが素早い。

No → **C**
Yes → **D**

このテストで

A ゲーム、マンガにマジ夢中！

想像力が豊かで、インドア派のカレ。ゲームやマンガ、読書にハマッてるみたい。「おもしろそうな本があったら教えて」と話しかければ、迷惑がらずにいろいろ語ってくれそう。マンガの貸し借りもおすすめ！

B スイーツやお菓子にゾッコン！

味覚がするどくて食べることが大好きなカレ。今、夢中になってるのは、おやつやスイーツなど、おいしい物。「コレ、知ってる？」と話題のコンビニスイーツなどをあげると、よろこばれそう。おいしい食べ物でつっちゃうのもあり？

2人でデートするときの、ヒントになるね!

 ペットやかわいい小動物にメロメロ!

感受性◎で心根がやさしいカレは、ペットやかわいい動物が大好き! ふだんはクールでも、子ネコやハムスターを見ると、口もとがニンマリ……。ペットの話題をふったり、小動物の写真や動画を見せると盛りあがりそうだよ!

 スポーツにハマリ中!

運動神経がよくて、カラダを動かすのが大好き。そんなカレはサッカーや野球、ダンスなどのスポーツにのめりこんでる可能性が高いよ。カレがしているスポーツがわかれば、「すごいね、応援するよ!」とサポーターになっちゃおう!

PART 3 好きな人やカレの本音をのぞいちゃおう!

Q12 怪盗あらわる!

下のイラストには、左右でちがっている部分が4つあるよ。
いちばん最初に気づいたまちがいはどれかな？

PART 3 好きな人やカレの本音をのぞいちゃおう！

結婚する相手のタイプ がわかるよ！

「ヘリコプター」に気づいた あなたは……
セレブなカレ

天高く飛ぶヘリコプターは、「手が届かないところ」へさそうシンボル。そんなあなたの結婚相手は、海外転勤に一緒に連れていってくれたり、自宅用に高層マンションを買ってくれたりするセレブな人。

「怪盗の髪形」に気づいた あなたは……
男らしいカレ

怪盗は男らしさとスリルのシンボル。困ってるあなたを助けてくれるたよれる部分と、突然お姫様だっこをしてくれるような、ときめきをくれる人が結婚相手としては理想なのかも。記念日のサプライズも期待しちゃうね。

未来の結婚相手はどんな人かな?

PART 3 好きな人やカレの本音をのぞいちゃおう!

「リボンの柄」に気づいたあなたは……
やさしいカレ

リボンはあたたかみときずなのシンボル。結婚相手には、あたたかく包んでくれるやさしい人がピッタリ。そして、子どもができたらカレはイクメンに変身。上手に赤ちゃんをお世話するなど、家族のきずなをギュッと結べる人だよ。

「女の子が持っている本」に気づいたあなたは……
知的なカレ

本は知識、知的分野を表すシンボル。知性と冷静さの象徴に気づいたあなたの結婚相手は、IT関係や医者などの知的職業についている人。もちろん、ただ頭がよいだけじゃなく、あなたを守ろうと一生けん命つくしてくれるよ!

Happy コラム 3

色を味方につけてハッピーになろう!

　あなたは何色が好き? 色は人の心理状態に影響をあたえるパワーをもっているんだって。たとえば、**赤はヤル気をかき立てる色**で、**青は人を冷静にさせる効果がある**といわれているよ。ということは、色のもつ力を味方につければ、もっとハッピーになれるかもしれないね。

・運動会や試合でがんばりたい日→赤色の物を身につける。
・テストなどで緊張しそうな日→青色の文房具を使う。
・みんなと楽しく盛りあがりたい日→黄色かオレンジ色の小物を持つ。
・コツコツ宿題を片づけたい日→緑色か黒色の筆記用具を使う。

　その日の目的によって、身にまとう物や、持ち物の色を選んでお出かけしてみてね!

ファッションにもハッピーカラーを取り入れよう!

PART
4

自分のこと、将来のこと、まるわかり!?

わたしって本当はどんな人？
未来の仕事は何？ パートナーはどんな人？
ドキドキの自分と未来をチェック！

ラッキーな将来のジャンルがわかるよ!

A クリエイティブなジャンル
香水＝センス。美容師やデザイナー、マンガ家、アーティストなど、クリエイティブなことにツキがあるよ!

B 楽しみをあたえるジャンル
焼き菓子＝よろこび。俳優や声優、ホテルのコンシェルジュなど、人に楽しみをあたえるのが◎!

C 助けたり教えたりするジャンル
包みこむタオル＝救い。医師や弁護士、先生、保育士など、人を助けて導くことにむいてるよ!

なるほど‼

わたしはデザイナーに向いているのね‼
絵をかくのもオシャレも大好き!
好きなことをもっと勉強したい‼

やったー!

ファッション誌をチェックしたり
ファッションショーを見たり
デッサンの練習をしたり

心理ゲームを参考にして、ワクワクの未来をつかもうよ!

Q02 教科書を開いてみよう!

教科書を手に取り、深呼吸(しんこきゅう)してから両手でパッと開いてね。
いちばん最初に目に入った文字は?

PART 4
自分のこと、将来(しょうらい)のこと、まるわかり!?

- **A** 漢字
- **B** ひらがな
- **C** カタカナ
- **D** 数字や記号

このテストで ピッタリのリセット法 がわかるよ!

A を選んだあなたは…
涙で気分スッキリ

漢字が表すのはカンペキ主義的な傾向。あなたは、がんばりすぎてつかれちゃうタイプ。気分転かんには泣くのが一番。感動できるマンガや映画で泣いちゃおう!

B を選んだあなたは…
おやすみリセット

ひらがなが表すのはおおらかさ。ふだんはゴキゲンなあなたなのに、たまに自己嫌悪におちいりそう。ぐっすりねむれば、翌日にはハッピーな気分がもどってくるよ。

C を選んだあなたは…
自然のなかでリフレッシュ

外来語などを表記するカタカナが表すのは、伝えたい思い。あなたは、自分の気もちがうまく通じないとイライラしがち。そんなときは空や星を見たり、海辺で深呼吸を!

D を選んだあなたは…
頭をスッキリさせて

数字や記号が表すのは正確さ。あなたは、小さなことが気になって消耗するタイプ。ストレスがたまったら、運動して頭をカラッポにするのが◎。散歩やストレッチもいいね!

池のほとりで見えた物は？

願いごとをかなえてくれる虹色の魚を発見。でも、よく見ようと近づいたら水底へ消えちゃった。あなたはどんな動作をする？

PART 4 自分のこと、将来のこと、まるわかり!?

- **A** 「ガッカリ」 かたを落とすような動作
- **B** 「もう……！」 おこるような動作
- **C** 「うーむ」 うでを組み考えこむような動作
- **D** 「おーい、もどってきて」 手招きするような動作

このテストで 夢を実現させるコツ がわかるよ！

ポジティブになろう

Aを選んだあなたは…
夢がかなえられなくなると、落ちこんじゃうあなた。夢を実現させるコツは、「わたしなら必ずできるはず！」とポジティブな気もちをもち続けることだよ。

いろんなものに興味をもとう

Bを選んだあなたは…
夢がかなえられなくなると、おこりだしちゃうあなた。少し短気だけど好奇心は高めだね。これからもいろんなものに興味をもって追求していけば、いつか夢が実現しそう！

交友関係を広くもとう

Cを選んだあなたは…
夢がかなえられなくなると、考えこんじゃうあなた。1人で考えるより、みんなの意見を参考にしたほうがよさそう。交友関係を広くもつことで夢が近づいてくるかも！

具体的な計画を立てよう

Dを選んだあなたは…
チャンスがにげても、どこかノンキなあなた。それはツメのあまさに通じるね。どうすればうまくいくか、じっくり考えて計画的に実行するクセをつけるといいよ！

Q04 予約録画に映っていたのは？

テレビの録画予約をしていたのに、再生したら全然ちがう番組が……。その予想外のテレビ番組はなんだったと思う？

A 初めて見るアーティストのライブ

B 海外のドキュメンタリー

C トップアスリートのインタビュー

D 料理バラエティー

E 旅番組

PART 4 自分のこと、将来のこと、まるわかり!?

このテストで モテ期がくるタイミングがわかるよ！

A 音楽に心をゆさぶられる

を選んだあなたは…

知らなかった音楽を聞いて、気もちがゆさぶられたとき。ステキな曲がたくさんの恋を運んできてくれそう！

B 初めてのものに興味がわく

を選んだあなたは…

初めて見るものに強い興味がわいたとき。今まで好きになった人とはちがうタイプの異性が近づいてきそう！

C カラダを動かしたくなる

を選んだあなたは…

スポーツやハイキングに行ったとき。アクティブでかがやいているあなたに、異性はひかれるみたい！

D ごはんがおいしい

を選んだあなたは…

今まできらいで食べられなかった物が急に、「ん!? これおいしいかも！」と思ったときが、モテ期到来の予兆！

E 自然が美しい

を選んだあなたは…

何気なく通りすぎてた道や、見慣れた景色に見とれるとき！ ステップアップしたあなたに異性がひかれるよ！

Q05 イルカショーでインタビュー

❹のふきだしに入るセリフはどれだと思う?

- Ⓐ 「イルカの気もちがわかるよ!」
- Ⓑ 「トレーナーになるのは大変だったよ!」
- Ⓒ 「水族館はいろいろ学べるところだよ!」
- Ⓓ 「好きなことをしているから毎日楽しいよ!」

PART 4 自分のこと、将来のこと、まるわかり!?

このテストで 将来のためにやること がわかるよ！

感性をみがこう

を選んだあなたは…

イルカの気もちがわかる＝するどい感性。絵や名作といわれる映画を見るなど、感性をみがくといいね。世界が広がり、自分の可能性に気づくかも!?

資格に挑戦

を選んだあなたは…

なるのが大変な仕事＝資格。漢字や英語の検定に挑戦してみては？ 合格したり結果が出たりすることで自信がつくよ！ 子どもでもできるおもしろい検定に挑戦するのも◎。

本に親しむ

を選んだあなたは…

学べる＝本。将来のためにやっておきたいことは読書。本を手に取り、読む習慣が身につくと、将来を切りひらいていく強力な武器になるよ！ いろんな本を読もう！

熱中できるものを見つける

を選んだあなたは…

好きなことをする＝熱中できること。将来のためにまずは熱中できるものを見つけよう！ 自分で自分の適性を発見すれば、夢のある将来に続く道を見つけられるよ！

Q06 不思議な階段をあがると……

イラストを5秒間見つめてね。あなたがいちばん気になった物は何？

Ⓐ クリスタル
Ⓑ 羅針盤(らしんばん)
Ⓒ 時計
Ⓓ ホタテ貝

PART 4 自分のこと、将来(しょうらい)のこと、まるわかり!?

このテストで 将来、知り合うすごい人がわかるよ！

A を選んだあなたは…
カリスマアーティスト
クリスタルが表すのはカリスマ的なアーティスト。あなたは将来、世界的なミュージシャンや画家、ファッションデザイナーなどと知り合うチャンスがありそう。

B を選んだあなたは…
有名な科学者や起業家
羅針盤は科学技術の象徴。あなたは将来、有名な科学者か起業家と知り合えるかも。IT起業家とか、ノーベル賞を受賞した科学者に会えたりして!?

C を選んだあなたは…
伝説的なスポーツ選手
時計が表すのは記録。あなたは将来、記録に残るスポーツ選手と知り合いになれるかも!? オリンピックのメダリストや有名選手から、あく手とサインをしてもらおう！

D を選んだあなたは…
ため息がでるほどの美女
貝は美の女神の象徴。あなたは将来、"超"がつくほどきれいな人と知り合えるかも。スーパーモデル、美人女優など、美しさの秘けつを聞いてみたいね。

聞こえてくるのはどんな曲?

イス取りゲームに参加。勝ち進んでいるけど、バックに流れている音楽がラッキーを呼んでくれてるみたい。それはどんな曲?

- A クラシック
- B アニソン
- C ダンスミュージック
- D ソーラン節

PART 4 自分のこと、将来のこと、まるわかり!?

このテストで パワーアップできる場所がわかるよ!

図書館&博物館

あなたをパワーアップさせてくれる場所は、図書館や博物館。今のあなたでは乗りこえられないことも、未知の知恵があなたの可能性を目覚めさせてくれそう!

大きな街

あなたをパワーアップさせてくれる場所は、大きな街。心を刺激する店をのぞきながら、にぎやかな通りを歩けばテンションアップ。立ちはだかる問題も消えちゃいそう!

自然のなか

ダンス音楽は、自然にカラダを動かす力。人工的な町にいるよりも、自然のなかにいるほうがよりエネルギーをもらえ、パワーアップできそう! 海や森があなたの味方!

ご近所の名所

地域で大事にされている神社やお寺、花の名所、近所の商店街など。あなたが住む地域の土地がもっているパワーが元気やツキをあたえてくれそう!

Q08 助けてくれたのはだれ？

池に落ちそうになったあなた。「危ない！」って思った瞬間、うでをつかんで助けてくれた人がいるよ。それは？

PART 4 自分のこと、将来のこと、まるわかり!?

- A 友だち
- B 知らない男子
- C 近所のおばさん
- D 手の長いサル

このテストで 新生活の適応度がわかるよ！

適応度は低め

Aを選んだあなたは…

仲のよい友だちを選んだあなたは、警戒心が強くて保守的なタイプ。変化をきらう傾向があり、新しい生活に慣れるには時間がかかるね。ムリをせず、自分のペースで！

適応度は高め

Bを選んだあなたは…

知らない子でも確実に助けてくれそうな人を選んだあなたは、かしこい子だね。冷静に物事を判断できて、どうすれば新しい環境にとけこめるかも理解して行動できるよ。

新しい環境にとまどうタイプ

Cを選んだあなたは…

近所のおばさんという、前からの知り合いを選んだあなたは、新しい環境にとまどうタイプ。自分がかわるよりまわりが合わせてくれないかなって思っているかもね。

適応度は超高め

Dを選んだあなたは…

手の長いサルのような、今までにぎったことのない手を選べるあなたは、好奇心がおう盛。周囲にとけこむのも早く、適応度は超高め。新しい友だちをたくさんつくろう！

あなたは人気の○○になる!

あなたにあてはまるものをすべてチェックしよう。

- [ ] 休みの日のスケジュールはたいていうまっている
- [ ] 無人島に行っても、けっこう大丈夫なような気がする
- [ ] 個性的な相手にふり回される恋ってステキかも
- [ ] お姫様より海ぞくのほうがおもしろそう
- [ ] 意味のわからないことばがあったら、すぐ調べる
- [ ] 行ってみたい場所がたくさんある
- [ ] 自分からたのんで習いごとをはじめたことがある
- [ ] みんなと同じってつまらない
- [ ] やりたいことがあるので、おこづかいを貯金している
- [ ] サプライズを考えるのって好き
- [ ] 授業中はよく手をあげるほうだ
- [ ] 好きな人ができたら、自分から告白しそう

PART 4 自分のこと、将来のこと、まるわかり!?

このテストで どんなユーチューバーになるか がわかるよ！

あてはまるものが 9コ以上

体験系ユーチューバー

おもしろそうなことが大好き。なんでも試してみたいあなたは、「これやってみた」のような体験系ユーチューバーで大成功。カラダを張った企画で人気を集めるかも!?

あてはまるものが 6〜8コ

ハウツー系ユーチューバー

人にぬきん出た得意分野を身につけられそうなあなたは、ハウツー系ユーチューバーでイイ線いきそう。料理や英会話など、人に教える動画でおどろきのビュー数に！

あてはまるものが 4〜5コ

中継系ユーチューバー

あなたは、何かに熱中してのめりこめる才能があるよ。夢中になると、トークも意外とうまくいきそう。ゲームやメイクの中継動画で、みんなの目をくぎづけできるかも!?

あてはまるものが 3コ以下

ほのぼの系ユーチューバー

独特な視点をもちつつ、性格はまったりのんびり型。そんなあなたは、ほのぼの系の動画で注目されそう。かわいいネコやイヌのいやし映像で有名なユーチューバーに！

Q10 人気家電プレゼント！どれを選ぶ？

ショッピングモールのお祭りイベント。人気の家電を1人5コまで応募できるんだって。あなたはどれを選ぶ？

PART 4 自分のこと、将来のこと、まるわかり!?

① 最新ドライヤー

② ゲーム機

③ 電動歯ブラシ

④ ミシン

⑤ ヨーグルトメーカー

⑥ ハンドクリーナー

⑦ ヘアアイロン

⑧ 電子ピアノ

⑨ カラオケ機器

⑩ たこ焼き機

⑪ 空気清浄機

⑫ ホームベーカリー

あなたはこんな大人になるがわかるよ！

人気家電は、あなたのもつ可能性と傾向を表すよ。カラオケやゲーム機は楽しみ、ミシンやホームベーカリーはつくるよろこび、空気清浄機はクリーンな人柄、ヘアアイロンは美しさへのあこがれを象徴しているよ。

A 上品で教養のある大人の女性に！

流行に敏感でオシャレなあなた。大人になるにつれて、"見かけより中身が大切"だと考えるようになりそう。教養が身について、上品でかしこい大人になりそう。

B フェアで愛される大人になりそう！

発想が豊かで行動的なあなたは、遊ぶのが好きだね。自分本位な面もあるけど、大人になるとフェアな人に成長。多くの人から愛される大人になりそう。

合計数を出そう いちばん多いアイコンを教えてね。

※数が同じならABCDの順に優先とします。

PART 4 自分のこと、将来のこと、まるわかり!?

C センスがよくてオシャレな大人に!

得意分野を大事にするあなた。大人になると、センスがみがかれて、オシャレな人に成長しそう。ハッとするような着こなしや、ステキなお部屋は周囲のあこがれかも。

D 尊敬されるカリスマ的存在に!

繊細でカンがするどいあなた。大人になると、物事のよし悪しを見分ける力がつきそう。あなたのアドバイスに救われる人も多いはず。まわりから尊敬されるカリスマに。

Q11 負けたくない！あなたの○○度は？

あてはまるほうを選んで、矢印にそって進もう。
あなたの意外な姿がわかるよ！

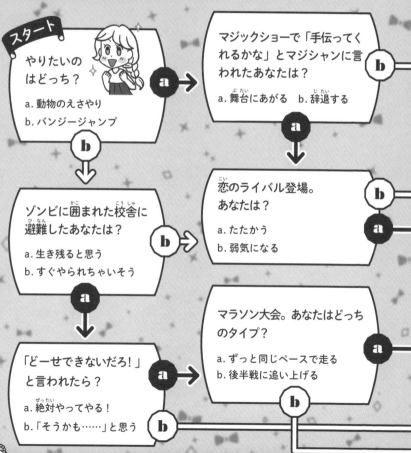

山で道に迷ったあなた。5時間後に助けられたときの感想は?

a. ありがとう!
b. おそいよ!

みんなでバーベキュー大会。あなたはどっち派?

a. 積極的に焼いて食べる
b. 周囲とペースを合わせて食べる

気がつけばテスト前日の夜。あなたがとる作戦は?

a. 早めに寝て頭スッキリ作戦
b. 重要なところだけ見直し作戦

大ニュースを伝えるときは?

a. 興奮気味に話す
b. 正確に話す

A

B

C

D

PART 4 自分のこと、将来のこと、まるわかり!?

このテストであなたの逆境メンタル力がわかるよ!

A 人にたよりたい！逆境に弱いタイプ

あなたは逆境に立たされると弱いみたい。自分でなんとかしようという意識が低く、最初からまわりの人にたよろうとしがち。おかげで、たよれる人を見つける力がみがかれたりして……。でも、まずは自力でがんばってみよう！

B あきらめ早っ！逆境にやや弱タイプ

あなたの逆境に立ち向かう力はちょっと弱め。自分の限界を知っているとも言えるけど、あきらめるのが早すぎかも。「ダメかも……」と思っても、そこから少しでもねばり続ける経験が、ピンチを切りぬける力になりそう！

がんばる方法を知って、レベルアップしてみよう!

C 冷静だから逆境に強いタイプ

あなたは逆境に立たされても、冷静に判断しようとするタイプ。おしていくのがいいのか、ひいたほうがいいのか、キチンと状況を見て決められる人だね! 追いつめられても気丈なあなたの逆境度はかなり高め。

D 負けずぎらい 逆境に強すぎるタイプ

あなたは逆境に立たされるほど燃えるタイプ。ライバルは強いほど、うでが鳴る。「よし、自分の限界をこえてやる!」なんて思うことも。ときには無鉄砲にもなるから、つき進むだけじゃないやり方も身につけよう!

PART 4 自分のこと、将来のこと、まるわかり!?

Q12 優雅なティータイム

下のイラストには、左右でちがっている部分が4つあるよ。
いちばん最初に気づいたまちがいはどれかな?

PART 4 自分のこと、将来のこと、まるわかり!?

あなたのステキな未来 がわかるよ！

「絵」に気づいた あなたは……
愛情たっぷりの家庭人

花束はたっぷりの愛情を表すよ。未来のあなたは魅力的な女性に成長していそう。運命的な恋をして、だれもがうらやむようなイケメンと結婚。かわいい子どもたちにも囲まれて、愛情たっぷりの幸せな家庭を築いてるかも!?

「ポット」に気づいた あなたは……
セレブなお金持ち

ポットは豊かさの象徴。未来のあなたはお金と縁がありそう。起業して成功するか、セレブと恋をして玉の輿に乗るか。どちらにしてもゴージャスな豪邸に住み、美しいものに囲まれたぜいたくな暮らしをしてるかも!?

未来を想像するのって、ワクワクするよね!

PART 4 自分のこと、将来のこと、まるわかり!?

「女の子の持ち物」に気づいたあなたは……
スマートな知識人

スマホと本は情報と知性を表すよ。未来のあなたは教養のあるかしこい女性に成長していそう。作家やインスタグラマーなど、情報を届ける人として大成功している可能性があるよ。みんながあなたの発信を楽しみにしてるかも!?

「窓」に気づいたあなたは……
世界で活やくする人

開いた窓は自由と冒険の象徴。未来のあなたは、勇気と行動力のある女性に成長していそう。せまい日本を飛び出して海外の大学や外資系企業でバリバリ働いたり、ボランティアで国際的なこうけんをしたりしてるかも!?

森 冬生（もり ふゆみ）

占術家・心理テスト執筆者。徳島県生まれ。西洋占星術、風水などの占いのほか、血液型診断や古今東西の占術のロジックを生かしたオリジナル占いも手がける。心理テストでは、設問の面白さと解説の鋭さに定評がある。雑誌、Webを中心に活動。「Cookie」「ザ・マーガレット」（集英社）、「ベツコミ」（小学館）、「チャレンジ」（ベネッセコーポレーション）などに毎月の占いを連載。著書に『ハッピーになれる心理テスト』（金の星社）、『超カンタン風水BOOK』（ベストセラーズ）、『ドラマチック超心理テスト』（ゲオ）ほか多数。

執筆協力	青木隆二
表紙イラスト	まさやようこ
本文イラスト	まさやようこ、たなかきなこ、ajico、みやかわさとこ、岬景子
デザイン	chocolate.（鳥住美和子）
編集	WILL（田中有香）

ハッピーになれる心理ゲーム

初版発行	2018年1月
著　者	森 冬生
発行所	株式会社金の星社
	〒111-0056　東京都台東区小島1-4-3
	電話　03-3861-1861（代表）
	FAX　03-3861-1507
	振替　00100-0-64678
	ホームページ　http://www.kinnohoshi.co.jp
印　刷	広研印刷株式会社
製　本	東京美術紙工

NDC141 144p. 18.5cm ISBN978-4-323-07409-2
© Fuyumi Mori, WILL 2018
Published by KIN-NO-HOSHI SHA. Tokyo. Japan.

乱丁落丁本は、ご面倒ですが、小社販売部宛にご送付下さい。
送料小社負担にてお取替えいたします。

JCOPY 出版者著作権管理機構 委託出版物

本書の無断複写は著作権法上での例外を除き禁じられています。複写される場合は、そのつど事前に出版者著作権管理機構（電話03-3513-6969、FAX 03-3513-6979、e-mail:info@jcopy.or.jp）の許諾を得てください。

※本書を代行業者等の第三者に依頼してスキャンやデジタル化することは、たとえ個人や家庭内での利用でも著作権法違反です。